¿Dónde está la LLAMA?

T0061790

¿Dónde está la LLAMA?

ILUSTRACIONES DE
PAUL MORAN

ILUSTRACIONES ADICIONALES DE GERGELY FÓRIZS,
JORGE SANTILLAN, ADAM LINLEY
Y JOHN BATTEN

TEXTO DE FRANCES EVANS
DISEÑO DE ANGIE ALLISON
Y JACK CLUCAS

 Picarona

INTRODUCCIÓN

En lo alto de los Andes peruanos, un grupo de llamas se ha enterado de que el mundo se está volviendo loco por, bueno, ¡las llamas! No pueden evitar sentirse halagadas por esta noticia y, como son criaturas curiosas, han decidido embarcarse en una increíble aventura para ver el mundo y conocer a sus adorados fans.

La jefa de las llamas, Beatriz, ha planeado un viaje increíble que llevará a la manada a todo tipo de lugares emocionantes, desde una soleada playa de Miami y un elegante desfile de moda en Milán hasta un palacio indio y un antiguo templo en Camboya. Con las maletas hechas y las guías preparadas, la manada se dirige al aeropuerto.

¿Puedes encontrar a las diez llamas en cada escena? Hacen todo lo posible por pasar desapercibidas, así que tendrás que mantener los ojos bien abiertos. Puedes encontrar las respuestas, además de otras cosas para buscar, al final del libro.

BEATRIZ

Beatriz es la líder del grupo. Cuando no está organizando el programa de excursiones de las llamas, está deseando relajarse en una estación termal islandesa.

EDUARDO

En su juventud, Eduardo fue la primera llama que dio la vuelta al mundo en un globo aerostático. Espera encontrarse con algunos viejos amigos en un festival de globos en Japón.

ROSA

A la aventurera Rosa le encanta estar al aire libre y está deseando ver las plantas y la fauna de otros países. En su «lista de deseos» figura un viaje a un jardín de tulipanes en los Países Bajos.

LUIS

El elegante Luis es bastante aficionado a la comida. Le encanta preparar comidas exóticas para las llamas y está desesperado por probar las delicias locales de la India, México y China.

ELENA

Elena está dispuesta a empaparse de toda la cultura que pueda durante el viaje. Su día perfecto consistiría en buscar gangas en un mercadillo antes de pasarse por una galería de arte de moda.

CARLOS

Desde que era una cría de llama, Carlos ha soñado con recorrer la selva de Camboya. Está deseando explorar sus antiguos templos.

DAFNE

La glamurosa Dafne es una apasionada de la moda (¡mira sus pendientes!). Espera conseguir unas entradas para un elegante desfile mientras las llamas están de viaje.

RICARDO

Ricardo es una llama rockera superguay. Sus vacaciones perfectas consistirían en bailar toda la noche en el festival de música más grande y con más marcha del mundo.

NELLY

Cuando Nelly no está brincando por los Andes, está practicando sus habilidades de salto de longitud. Espera que las llamas tengan la oportunidad de ir a los Juegos Olímpicos de este año.

HÉCTOR

El travieso Héctor es la cría del grupo y mantendrá a las demás llamas alerta durante el viaje. Le hace especial ilusión visitar una juguetería de fama mundial.

Día de los Muertos

Beatriz ha decidido iniciar el recorrido en México para que la manada pueda participar en las celebraciones anuales del Día de los Muertos. Han llegado justo a tiempo para ver un increíble desfile callejero. Toda la ciudad se ha disfrazado para honrar a sus antepasados, y los trajes y las carrozas gigantes tienen un aspecto increíble.

La guía de Luis recomienda unos dulces llamados «calaveras» (cráneos de azúcar de colores), así que las llamas se adentran en la multitud para encontrarlos.

¿Puedes encontrar a las diez llamas?

Playa de Miami

La siguiente parada es Miami. Las llamas han decidido aprovechar el Sol y el mar para ir a la playa.

Está completamente abarrotada, así que Dafne y Luis se adentran en la multitud para encontrar un sitio para sus toallas, mientras que Rosa y Héctor se unen a la cola de los helados. Ricardo está deseando alquilar una tabla y unirse a los surfistas en las olas, pero las llamas no se aventuran a menudo a la costa y a él le pone un poco nervioso el agua. Primero va a meter un dedo del pie...

¿Puedes encontrar a las diez llamas?

Galería de arte moderno

Elena ha descubierto que un artista premiado ha creado un cuadro en honor a la manada. Las llamas deciden pasar por la galería de Nueva York para ver la obra maestra y empaparse de un poco de cultura.

A Rosa le gustan los cuadros abstractos y Carlos ha descubierto su pasión por las esculturas de bronce. Sin embargo, Beatriz y Eduardo no están seguros de qué opinar sobre algunos de los objetos más inusuales que están expuestos.

¿Puedes encontrar a las diez llamas?

Feria

Las llamas nunca han estado en una feria, así que están deseando probar todas las atracciones de este parque de atracciones de Ottawa.

Eduardo quiere subirse al tiovivo, mientras que Beatriz y Elena se han puesto de acuerdo para llevar a Héctor a dar una emocionante vuelta en los columpios voladores. Rosa ha descubierto que es una mala tiradora en el tiro al coco y Nelly ha descubierto una cosa asombrosa llamada algodón de azúcar, ¡se parece un poco a lana de llama rosa! Tiene que encontrar a los demás para contárselo.

¿Puedes encontrar a las diez llamas?

Festival de música

Las llamas han recibido pases vip para el festival de música más *cool* del año. Se celebra en medio de un desierto y, además de música, hay un montón de obras de arte extrañas y maravillosas.

Mientras Ricardo se dirige al escenario principal, Elena y Luis van a ver unas esculturas que están llamando mucho la atención. Pero todo esto es demasiado para Eduardo. Ha decidido ir a acostarse, si es que puede recordar el camino de vuelta a su tienda.

¿Puedes encontrar a las diez llamas?

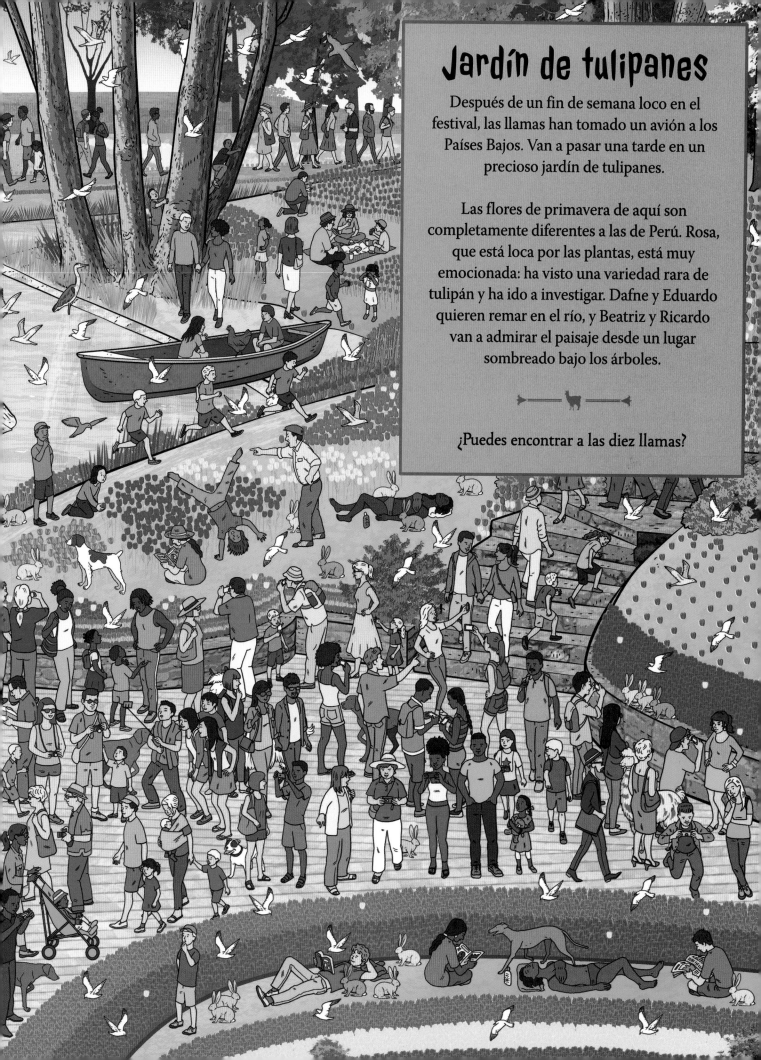

Jardín de tulipanes

Después de un fin de semana loco en el festival, las llamas han tomado un avión a los Países Bajos. Van a pasar una tarde en un precioso jardín de tulipanes.

Las flores de primavera de aquí son completamente diferentes a las de Perú. Rosa, que está loca por las plantas, está muy emocionada: ha visto una variedad rara de tulipán y ha ido a investigar. Dafne y Eduardo quieren remar en el río, y Beatriz y Ricardo van a admirar el paisaje desde un lugar sombreado bajo los árboles.

¿Puedes encontrar a las diez llamas?

Mercadillo

En una visita de fin de semana a Berlín, Elena convence a la manada para ir al centro, a un mercadillo de moda. Está repleto de gente que busca gangas, accesorios extravagantes y un montón de comida deliciosa. Las llamas deciden que es el lugar perfecto para hacerse con algunos recuerdos únicos.

Eduardo quiere comprar un mapa de viaje antiguo y Dafne ha ido en busca de un popular puesto de pasteles. Se ha enterado de que venden unos adorables pasteles con forma de llama.

¿Puedes encontrar a las diez llamas?

Desfile de moda

Las llamas han conseguido unas entradas para un glamuroso desfile de moda en Milán. Dafne está TAN emocionada que no puede esperar a ver las tendencias de la próxima temporada. Ella y Ricardo se dirigen a la parte de atrás de la pasarela para recibir algunos cuidados, y un peluquero les sugiere un champú perfecto para sus lanudos cuerpos.

Luis va a buscar unos asientos en la primera fila, pero Beatriz se ve arrastrada por la multitud y empieza a obstaculizar accidentalmente las fotos de las modelos. Y, espera, ¿el que está en la pasarela es Héctor?

¿Puedes encontrar a las diez llamas?

Palacio indio

Las llamas han llegado a la India en la siguiente etapa de su viaje y están pasando un día en el histórico palacio de un marajá. Carlos está admirando la arquitectura y Eduardo ha subido a lo alto para disfrutar de una vista espectacular de la ciudad.

Mientras tanto, Beatriz y Luis han ido a buscar algo para desayunar en el mercado de las afueras. Tienen ganas de probar un bocadillo popular llamado «pani puri», un delicioso pan crujiente relleno de patatas y garbanzos. Sin embargo, tendrán que controlar a esos traviesos monos.

¿Puedes encontrar a las diez llamas?

La selva camboyana

¡El sueño de Carlos se ha hecho realidad! Hoy va a guiar a las llamas a través de la selva para visitar un antiguo templo.

Estas ruinas mágicas han estado ocultas al mundo exterior durante siglos y están increíblemente bien conservadas. Luis y Rosa quieren echar un vistazo al interior y se han apuntado a una visita guiada. Carlos está deseando estudiar las estatuas, pero Héctor cree que los monos son mucho más divertidos.

¿Puedes encontrar a las diez llamas?

Parque de hielo

¡Brrrrr! Este parque de hielo en China está muy frío. Por suerte, los pelajes lanudos de las llamas se adaptan perfectamente al clima invernal (en los Andes puede hacer bastante frío).

La gente ha venido de todas partes para maravillarse con las hermosas esculturas expuestas y observar a los talentosos escultores que tallan modelos en bloques de hielo. Dafne quiere hacerse un selfi delante del cristalino cisne de hielo. Héctor se divierte deslizándose por el hielo con los simpáticos pingüinos del parque.

¿Puedes encontrar a las diez llamas?

Festival de globos aerostáticos

Eduardo ha quedado con unos amigos en un festival de globos aerostáticos y el resto de la manada ha decidido acompañarle. Cientos de globos se han reunido en el cielo, es un espectáculo increíble.

Eduardo está deseando reunirse con sus viejos amigos. Carlos y Elena prefieren mantener los pies en el suelo, pero Rosa y Ricardo han convencido a unos participantes del festival para que les den un paseo.

¿Puedes encontrar a las diez llamas?

Centro de la ciudad

Las llamas han aterrizado en Melbourne. Aún no se han acostumbrado al complicado sistema de tranvías de la ciudad, pero han conseguido llegar al bullicioso centro.

Es la hora de comer, así que Luis está deseando ver qué ofrecen los restaurantes locales. Dafne está impaciente por ir de tiendas y se dirige a disfrutar de una terapia de compras mientras Rosa intenta convencer al resto de la manada para que la acompañe en una visita turística.

¿Puedes encontrar a las diez llamas?

Juegos Olímpicos

Nelly no puede creer que las llamas hayan conseguido entradas para los Juegos Olímpicos de este año. Aunque han llegado pronto, las gradas ya están bastante llenas, así que Beatriz y Eduardo guían a la manada entre la multitud para encontrar algunos asientos.

Pero algunas de las llamas no pueden resistirse a acercarse a la acción. Nelly ha ido a recibir consejos de salto de algunos atletas de talla mundial y ¿es Carlos el que acaba de ganar una medalla de oro en los 100 metros?

¿Puedes encontrar a las diez llamas?

Tienda de juguetes

La juguetería más famosa del mundo ha creado un lote de peluches de llama de edición limitada en honor a la manada. Ricardo ha convencido a las llamas para que se pasen por la tienda a verlos. ¡Y es una LOCURA! El local está repleto de clientes que intentan hacerse con los productos de las llamas.

En medio del caos, Héctor arrastra a Eduardo hasta los juguetes teledirigidos para que pruebe el último coche de carreras. En el otro extremo de la tienda, Dafne y Nelly se dirigen a la sección de rompecabezas para escapar de la multitud.

¿Puedes encontrar a las diez llamas?

Aguas termales

Después de semanas de viaje, Beatriz está desesperada por disfrutar de un rato para sí misma, e invita a la manada a pasar un día en unas tranquilas aguas termales antes de volver a casa.

El agua caliente y burbujeante hace maravillas con la lana de las llamas. Elena y Dafne quieren hacerse tratamientos faciales con barro mientras Eduardo pide un chocolate caliente en la cafetería. Nelly no es de las que se quedan quietas y hace una competición con algunos niños para ver quién se da el mayor chapuzón.

¿Puedes encontrar a las diez llamas?

Tierra de llamas

Es hora de volver a casa, a Perú; las llamas no pueden creer que ya hayan llegado al final del viaje.

Han viajado por todo el mundo, han visto lugares increíbles y han conocido a cientos de maravillosos fans de las llamas. Sin embargo, nada las ha preparado para la bienvenida que reciben en los Andes. Llamas de todo el país han acudido a una fiesta para celebrar su regreso. ¡Qué manera de terminar su fascinante aventura!

¿Puedes encontrar a las diez llamas?

Respuestas

Lista del observador

Un carterista ☐

Alguien con prismáticos ☐

Un niño soltando su globo ☐

Un pequeño perro marrón ☐

Un niño al que le pintan la cara ☐

Día de los muertos

Playa de Miami

Lista del observador

Nueve llamas hinchables ☐

Un castillo de arena que está a punto de inundarse ☐

Una mujer con un sombrero rosa, un top rosa y una camisa rosa ☐

Un nadador con gafas y gorra verde ☐

Un hombre que lleva pantalones cortos naranjas y verdes ☐

Galería de arte moderno

Lista del observador

Un hombre con un gato ☐

Un niño pequeño al que le dan de beber ☐

Un patinador ☐

Un hombre sentado en una obra de arte comiendo un bocadillo ☐

Un niño con un oso de peluche ☐

Lista del observador

Una niña sosteniendo un oso de peluche ☐

Un hombre con un neumático ☐

Un hombre comiendo patatas fritas ☐

Una mujer con un sombrero rosa y morado ☐

Un niño y su padre en el tobogán ☐

Feria

Festival de música

Lista del observador

Una mujer con una pandereta ☐

Un hombre vestido con un traje de Tudor ☐

Una pareja vestida con trajes griegos antiguos ☐

Un hombre disfrazado de gato ☐

Una bandera con una *pizza* ☐

Jardín de tulipanes

Lista del observador

Un jardinero con una carretilla ☐

Tres botes de crema solar ☐

Tres garzas ☐

Una gallina marrón ☐

Un bebé en un portabebés amarillo ☐

Lista del observador

Un perro comiendo un bocadillo ☐

Un niño con un jersey demasiado grande para él ☐

Una mujer derramando su bebida ☐

Un casco de caballero ☐

Una mujer oliendo una rosa ☐

Mercadillo

Desfile de moda

Lista del observador

Una modelo que pisa el vestido de otra modelo ☐

Una modelo que se ha quedado dormida entre bastidores ☐

Un perro que se escapa ☐

Una modelo que no puede quitarse la bota ☐

Un hombre con pelo azul y barba rosa ☐

Palacio indio

Lista del observador

Un hombre meditando ☐

Alguien que se parece a Indiana Jones ☐

Un hombre con un mono en el hombro ☐

Una mujer con un pañuelo amarillo en la cabeza ☐

Una mujer que lleva plátanos en la cabeza ☐

La selva camboyana

Lista del observador

Una familia de osos malayos ☐

Un mono con una mariposa en la nariz ☐

Un mono robando un bocadillo ☐

Un guía turístico con una bandera roja ☐

Un hombre dejando caer una lata de bebida ☐

Parque de hielo

Lista del observador

Un pingüino en una tabla de *snowboard* ☐

Una escultura de un dragón ☐

Dos muñecos de nieve ☐

Un telescopio ☐

Una moto de nieve ☐

Festival de globos aerostáticos

Lista del observador

Una chica con una flor en la mochila ☐

Un niño con un globo rojo ☐

Un globo aerostático con forma de llama ☐

Un hombre con una camiseta azul y blanca ☐

Un globo aerostático blanco ☐

Lista del observador

Un sombrero azul en venta ☐

Un hombre leyendo un periódico ☐

Una niña con zapatos verdes y calcetines amarillos ☐

Cinco ratas ☐

Una mujer con una cinta de pelo roja y pantalones rojos ☐

Centro de la Ciudad

Juegos Olímpicos

Lista del observador

Un vikingo ☐

Un vicario ☐

Un hombre con un sombrero mexicano ☐

Un atleta con una pértiga rota ☐

Un atleta con una gorra de béisbol rosa ☐

Tienda de juguetes

Lista del observador

Un niño en patines ☐

Una carretilla llena de regalos ☐

Seis pelotas saltarinas ☐

Llamas jugando a tirar de la cuerda ☐

Un panda que es diferente al resto ☐

Lista del observador

Un hombre recibiendo un masaje relajante en la cabeza ☐

Una chica con una cola de caballo y una pistola de agua ☐

Un niño saltando al agua ☐

Dos colchonetas rosas ☐

Dos perros labradores ☐

Aguas termales

Tierra de llamas

Lista del observador

Una campana ☐

Una llama amante de la música ☐

Una llama con un lazo rosa y un pendiente de oro ☐

Un pañuelo rojo con una raya amarilla ☐

Una llama leyendo un libro ☐

Puedes consultar nuestro catálogo en www.picarona.net

¿DÓNDE ESTÁ LA LLAMA?
Texto: *Frances Evans*
Ilustraciones: *Paul Moran*
Ilustraciones adicionales: *Gergely Förizs, Jorge Santillan,*
Adam Linley y John Batten

1.ª edición: diciembre de 2022

Título original: *Where's the Llama?*

Traducción: *Raquel Mosquera*
Diseño: *Angie Allison y Jack Clucas*
Maquetación: *El Taller del Llibre, S. L.*
Corrección: *Sara Moreno*

© 2018, Michael O'Mara Books Ltd.
(Reservados todos los derechos)

© 2022, Ediciones Obelisco, S. L.
www.edicionesobelisco.com
(Reservados los derechos para la lengua española)

Edita: Picarona, sello infantil de Ediciones Obelisco, S. L.
Collita, 23-25. Pol. Ind. Molí de la Bastida
08191 Rubí - Barcelona - España
Tel. 93 309 85 25
E-mail: picarona@picarona.net

ISBN: 978-84-9145-618-6
Depósito Legal: B-15.649-2022

Impreso en Ingrabar
Ptge. Arraona, 8, 08210 - Barberà del Vallès, Barcelona

Printed in Spain